DANS MA COMMUNAUTÉ

QUAND JE VAIS À LA PLAGE

COLLECTION CRABTREE « LES JEUNES PLANTES »

Miranda Kelly

CRABTREE
PUBLISHING COMPANY
WWW.CRABTREEBOOKS.COM

Quand je vais à la **plage**, j'enfonce mes orteils dans le sable.

Je **construis** des châteaux de sable.

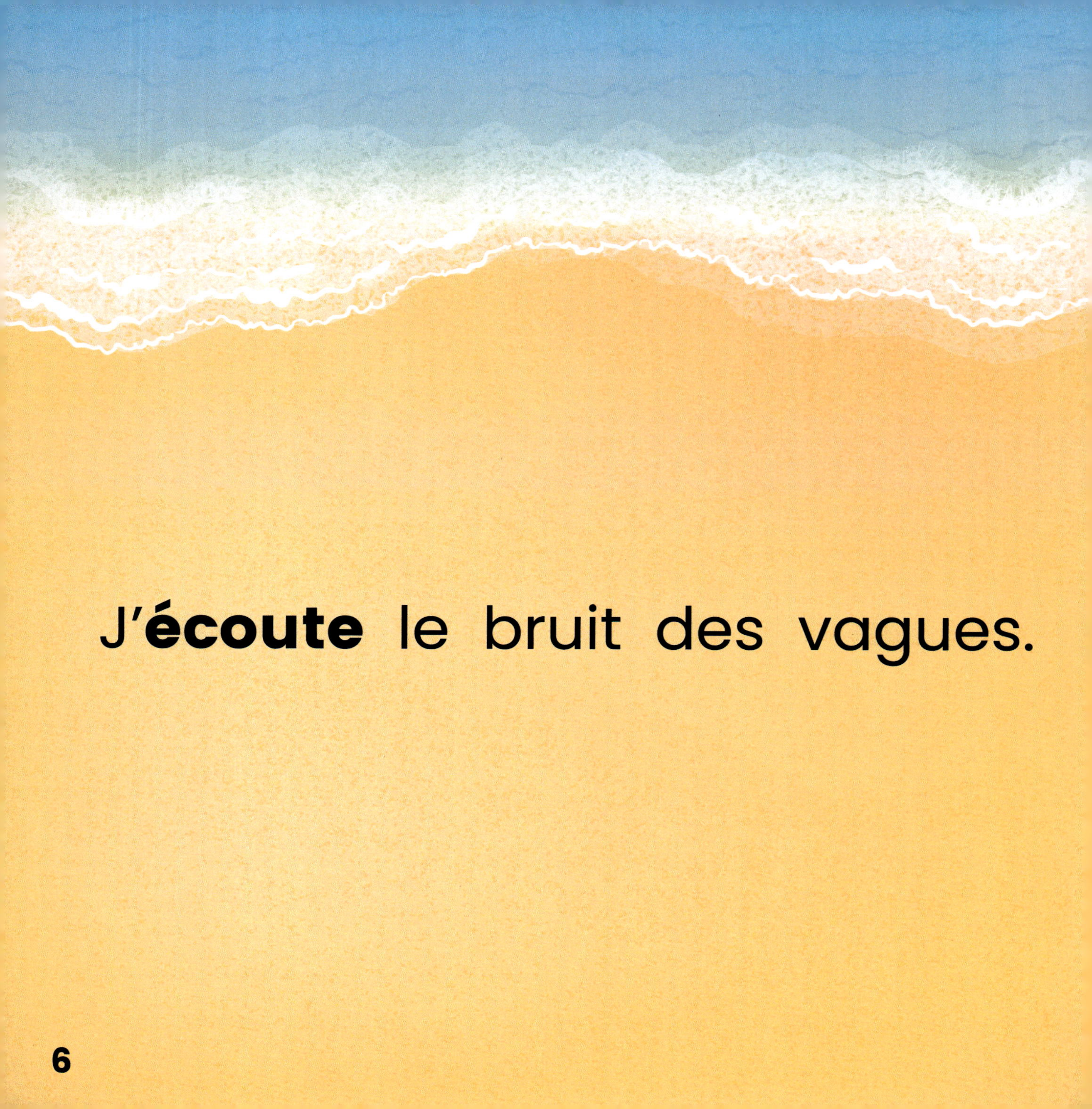

J'**écoute** le bruit des vagues.

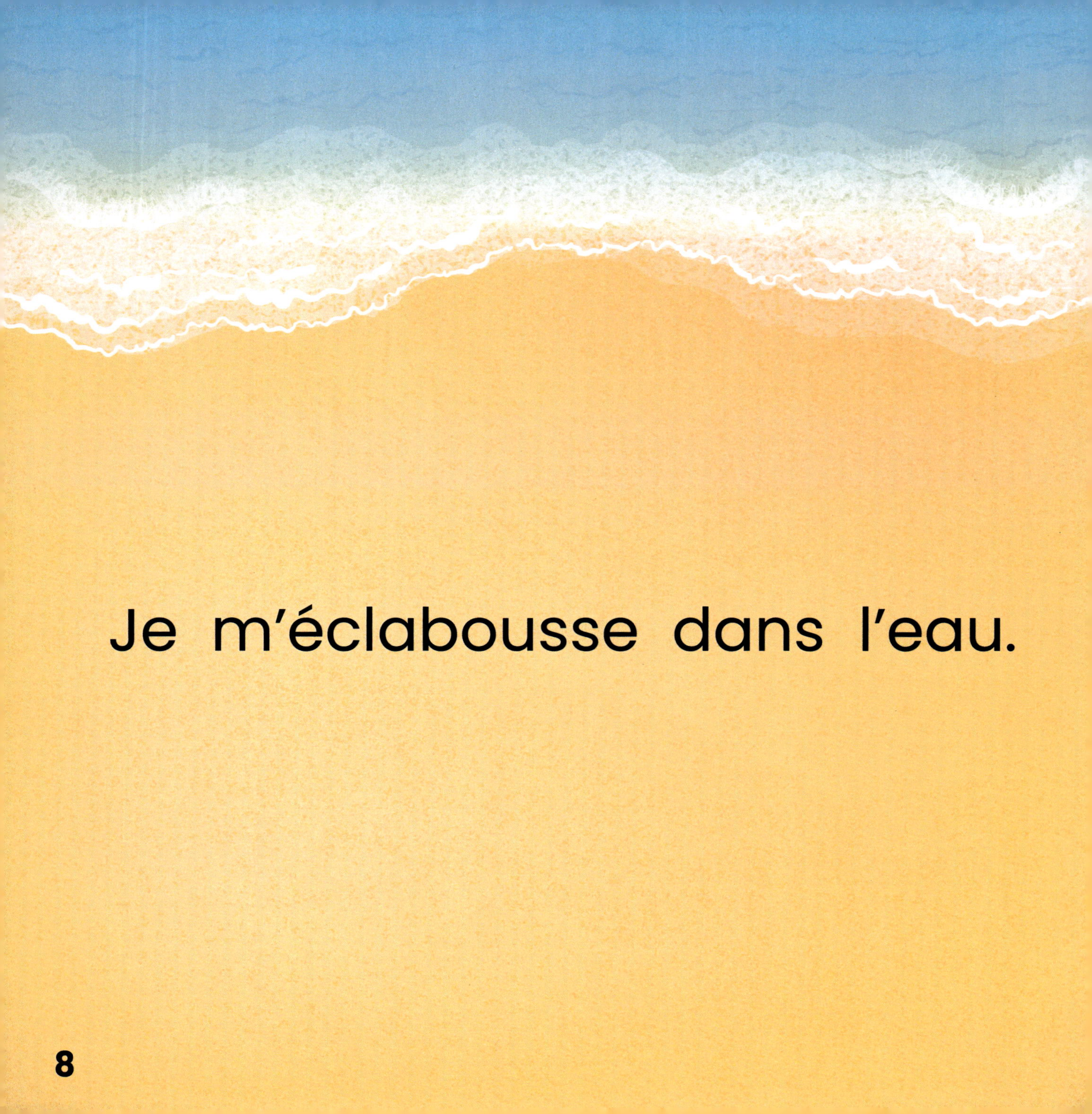

Je m'éclabousse dans l'eau.

Je **collectionne** des coquillages.

Je regarde les **crabes**.

Je fais du **surf horizontal**.

Je rencontre mes amis.

Je regarde le coucher du soleil.

J'ai du plaisir quand je vais à la plage.

Glossaire

collectionne (col-lek-tyon) : Quand je collectionne des objets, je les rassemble.

construis (cons-trui) : Quand je construis quelque chose, j'assemble différents morceaux.

crabes (crab) : Les crabes sont des animaux avec 8 pattes, 2 pinces et une carapace dure. Il y plusieurs sortes de crabes.

écoute (é-cou-t) : Quand j'écoute, je me concentre afin de pouvoir entendre quelque chose.

plage (pla-j) : Une plage est un endroit où il y a du sable ou des galets et qui longe le bord d'un lac ou d'un océan.

surf horizontal (surf o-ri-zon-tal) : Du surf horizontal se fait sur une planche courte en mousse rigide et sur laquelle les gens s'allongent pour glisser sur les vagues.

Index

Soutien de l'école à la maison pour les gardien(ne)s et les enseignant(e)s.

Ce livre aide les enfants à se développer grâce à la pratique de la lecture. Voici quelques exemples de questions pour aider le(a) lecteur(-trice) à développer ses capacités de compréhension. Des suggestions de réponses sont indiquées.

Avant la lecture

- Quel est le sujet de ce livre? Je pense que ce livre parle d'avoir du plaisir à la plage.
- Qu'est-ce que je veux savoir sur ce sujet? Je veux en savoir plus sur les différents animaux que les gens peuvent voir à la plage.

Durant la lecture

- Je me demande pourquoi... Je me demande pourquoi le garçon écoute les vagues. À quoi ressemble le bruit des vagues?
- Qu'est-ce que j'ai appris jusqu'à présent? J'ai appris que les gens peuvent voir des crabes sur la plage.

Après la lecture

- Nomme quelques détails que tu as retenus. J'ai appris qu'il est amusant d'aller à la plage. Les enfants peuvent construire des châteaux de sable, collectionner des coquillages et jouer dans l'eau.
- Écris les mots peu familiers et pose des questions pour mieux comprendre leur signification. Je vois le mot ***construis*** à la page 4 et le mot ***collectionne*** à la page 10. Les autres mots de vocabulaire se trouvent aux pages 22 et 23.

Crabtree Publishing Company
www.crabtreebooks.com 1-800-387-7650

Version imprimée du livre produite conjointement avec Blue Door Education en 2021.

Crédits photos : Couverture: sorte de plage © dgbomb, couverture © NadyaEugene; couverture et arrière plan © art_of_sun; p. 3 © Natee K Jindakum; p. 5 © Darren Green; p. 7 © Christin Lola; p. 9 © Pavel_Bogdanov; p. 11 © mirtmirt; p. 13 © kavida; p. 15 © NadyaEugene; p. 17 © Tropical studio; p. 18 plage © Galyna Andrushko, p. 18 surf horizontal © Evgeniy pavlovski; p. 18 châteaux de sable © Alex Tor; p. 19 crabe © jiraphoto Toutes les images de Shutterstock.com; p. 21© istock.com/ Rawpixel; p. 23 ©istock.com/Mimadeo.

Imprimé au Canada/042021/CPC

Auteur : Miranda Kelly
Coordinatrice à la production et technicienne au prepress : Amy Salter
Coordinatrice à l'impression : Katherine Berti
Traduction : Claire Savard

Publié au Canada par Crabtree Publishing
616 Welland Ave.
St. Catharines, ON
L2M 5V6

Publié aux États-Unis par Crabtree Publishing
347 Fifth Ave
Suite 1402-145
New York, NY 10016

Catalogage avant publication de Bibliothèque et Archives Canada

Disponible à Bibliothèque et Archives Canada